MICROPHOTOGRAPHIE.

LA PHOTOGRAPHIE APPLIQUÉE AUX ÉTUDES D'ANATOMIE MICROSCOPIQUE

PAR

H. VIALLANES,
Docteur ès sciences et docteur en médecine.

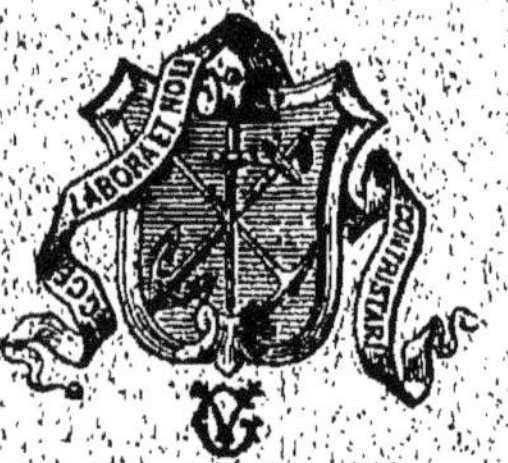

PARIS,
GAUTHIER-VILLARS, IMPRIMEUR-LIBRAIRE
DU BUREAU DES LONGITUDES, DE L'ÉCOLE POLYTECHNIQUE
SUCCESSEUR DE MALLET-BACHELIER,
Quai des Grands-Augustins, 55.

1886

LA

PHOTOGRAPHIE APPLIQUÉE

AUX ÉTUDES

D'ANATOMIE MICROSCOPIQUE

Paris. — Imp. Gauthier-Villars, 55, quai des Grands-Augustins.

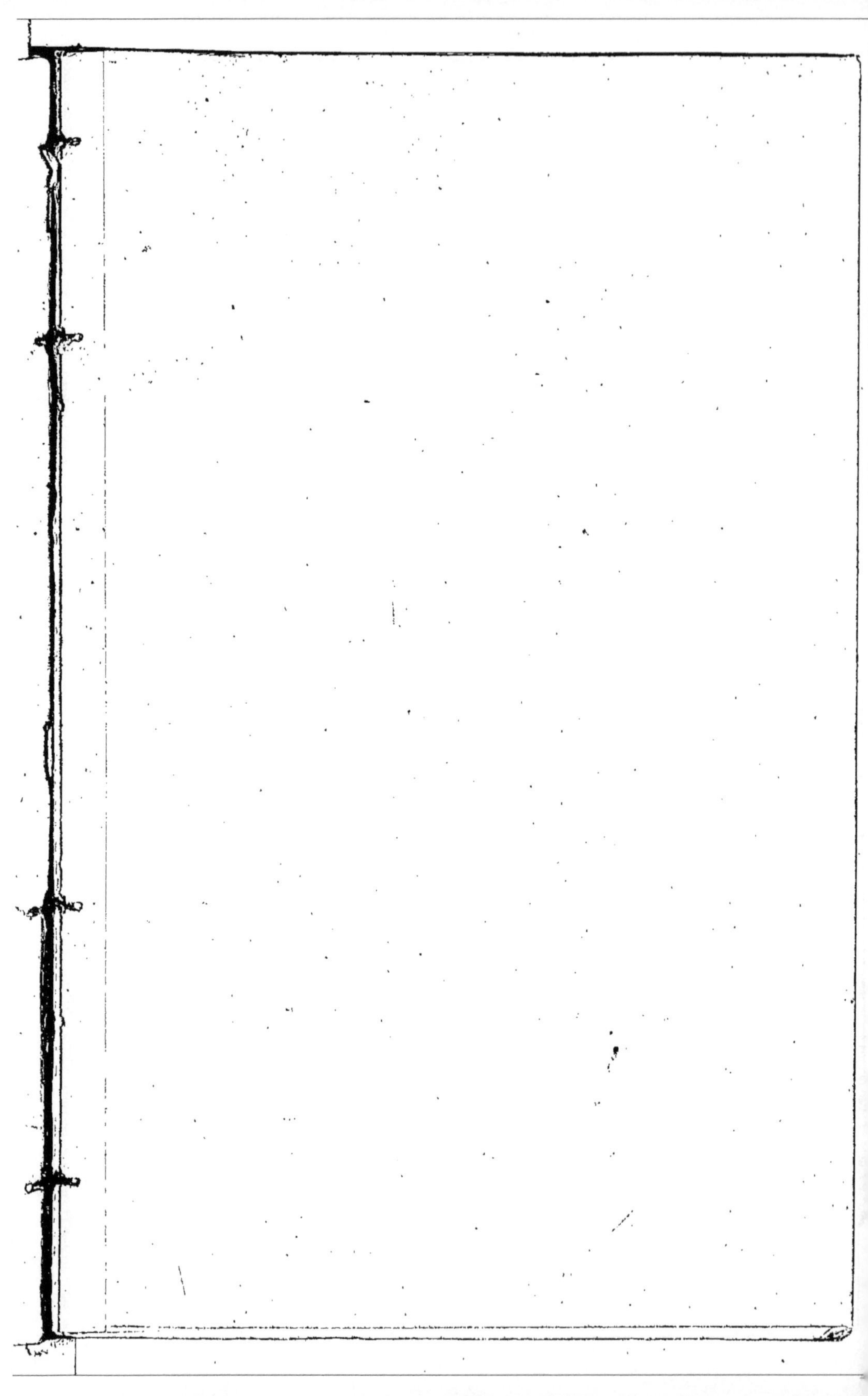

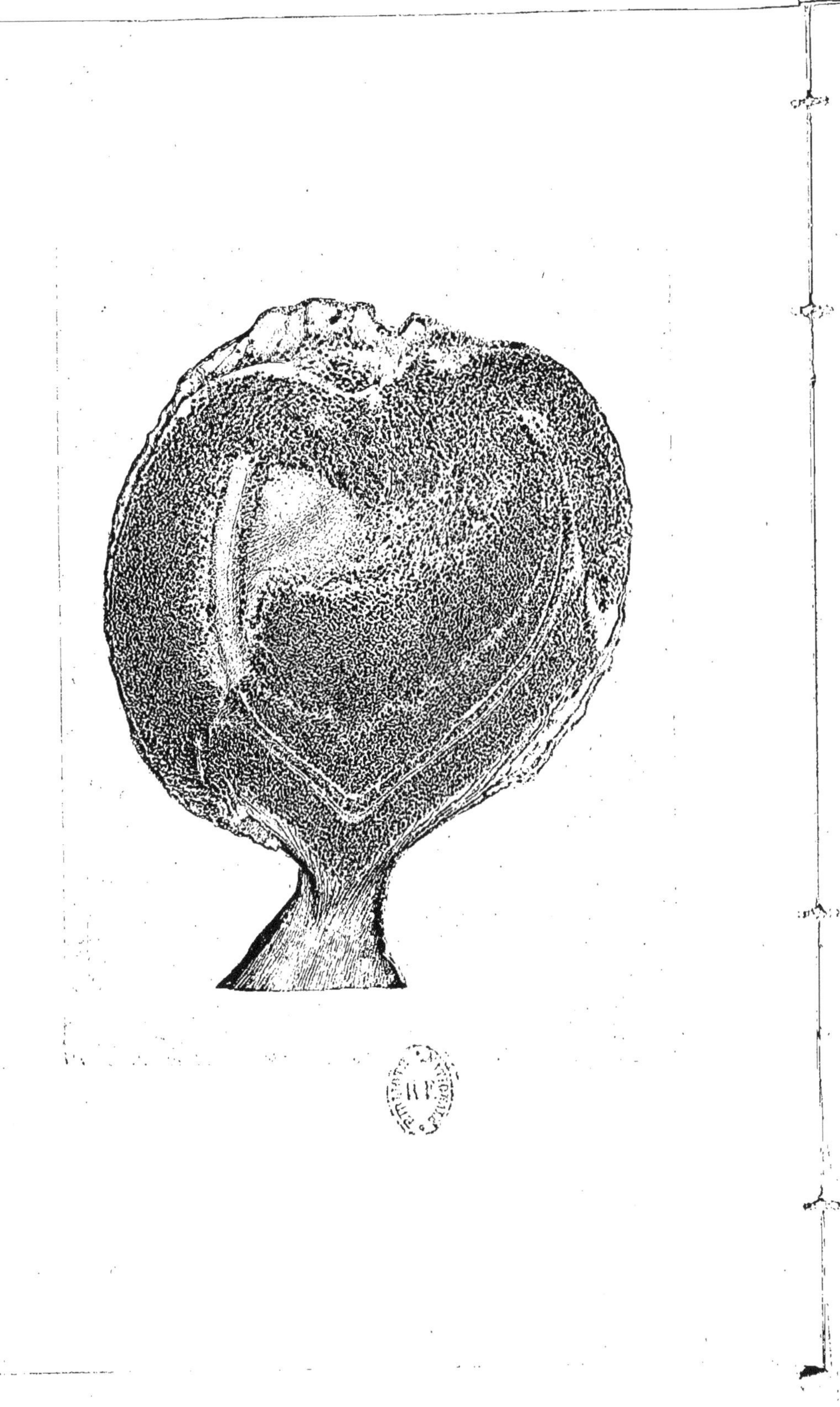

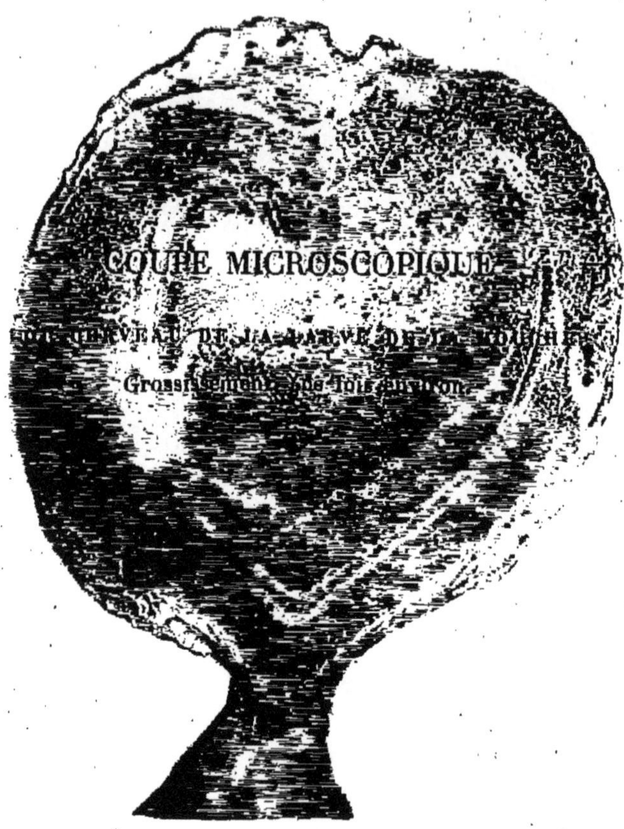

COUPE MICROSCOPIQUE

[illegible] CERVEAU DE LA LARVE DE LA MOUCHE

Grossissement [illegible] fois environ.

Photolithogr. A. Quinsac.

MICROPHOTOGRAPHIE.

LA PHOTOGRAPHIE APPLIQUÉE AUX ÉTUDES D'ANATOMIE MICROSCOPIQUE

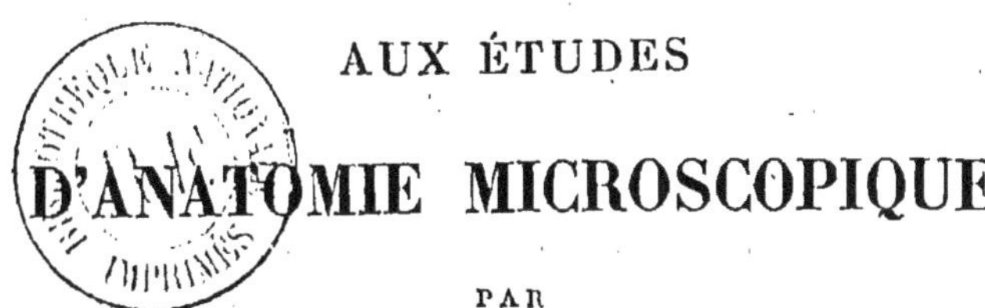

PAR

H. VIALLANES,

Docteur ès sciences et docteur en médecine.

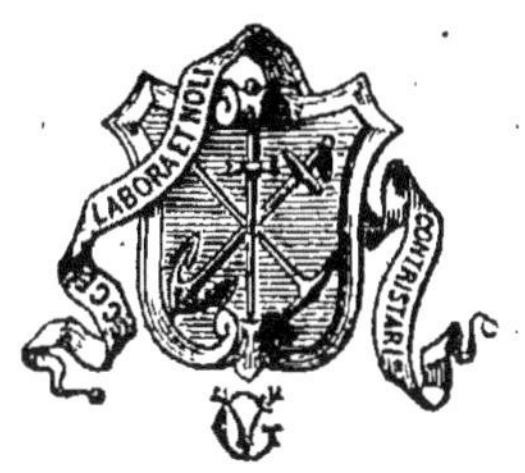

PARIS,

GAUTHIER-VILLARS, IMPRIMEUR-LIBRAIRE

DU BUREAU DES LONGITUDES, DE L'ÉCOLE POLYTECHNIQUE

SUCCESSEUR DE MALLET-BACHELIER,

Quai des Grands-Augustins, 55.

1886

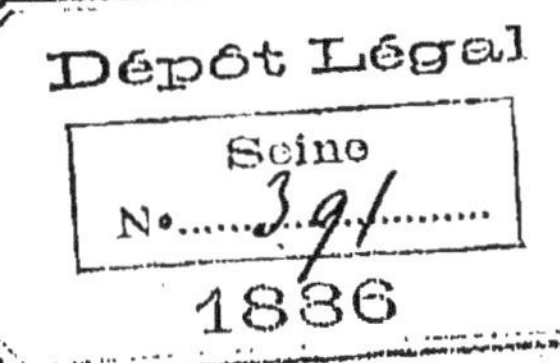

AVANT-PROPOS.

Il serait si avantageux de pouvoir reproduire par la photographie les objets microscopiques, qu'il n'est aucun naturaliste qui n'ait souhaité de voir ce problème complètement résolu. Comme tant d'autres j'ai été séduit par cette question, et depuis près de cinq années j'y consacre une bonne partie de mon temps, tantôt expérimentant des méthodes microphotographiques déjà connues, tantôt en essayant de nouvelles.

Les résultats auxquels ces recherches m'ont conduit sont encore loin d'être tout ce que je désirerais. Pourtant plusieurs personnes qui s'occupent des mêmes études que moi, ayant examiné les photographies microscopiques que je suis arrivé à obtenir dans ces derniers temps, ont bien voulu les trouver meilleures que ce qu'elles avaient vu dans le même genre, et m'ont engagé à publier les procédés que j'emploie. Je le fais très volontiers, dans l'espérance que ce modeste ouvrage, décidera quelques personnes à s'adonner à la photographie microscopique et à travailler, elles aussi, à son perfectionnement. S'il en était ainsi, je m'estimerais suffisamment payé du temps que m'ont demandé ces recherches, et des sommes considérables qu'elles m'ont coûté ([1]).

([1]) Le lecteur voudra bien m'excuser de ne point citer les noms de ceux qui ont travaillé aux progrès de la photographie microscopique, l'espace me manque pour le faire. D'ailleurs, l'ouvrage que je publie aujourd'hui n'est point écrit avec des livres, je n'y cite point un fait dont je n'aie vérifié l'exactitude par moi-même.

LA

PHOTOGRAPHIE APPLIQUÉE

AUX ÉTUDES

D'ANATOMIE MICROSCOPIQUE.

CHAPITRE PREMIER.

I. — Dispositions générales de l'appareil microphotographique.

Quand on place une glace dépolie à quelque distance de l'oculaire d'un microscope, disposé comme pour les observations ordinaires, on peut recueillir, en amenant l'objectif à la distance voulue de la préparation, une image droite et réelle de cette dernière.

Si l'on enlève l'oculaire on peut encore recueillir une image réelle sur la glace dépolie, mais cette fois elle est renversée ; comme dans le cas précédent on peut la mettre au point à l'aide de la vis micrométrique.

On conçoit aisément, que si au lieu de la glace dépolie on emploie une plaque sensible l'image de la préparation s'imprimera sur celle-ci.

Ainsi rien ne paraît plus simple *à priori* que de photographier une préparation microscopique. En réalité la chose est beaucoup plus compliquée que l'on ne pourrait le supposer, nous allons voir en effet, que s'il n'est pas difficile d'obtenir une médiocre photographie d'un objet vu au microscope, en revanche, les conditions qu'il faut remplir pour obtenir une bonne épreuve, sont multiples et souvent difficiles à réaliser.

Le fait qu'on peut recueillir sur un écran une image réelle d'un objet microscopique nous indique immédiatement la disposition générale, qu'il convient d'adopter pour photographier celui-ci. Nous réunirons l'extrémité oculaire de notre microscope à une chambre noire, fermée en arrière par une glace dépolie, sur laquelle nous mettrons au point et à laquelle nous pourrons ensuite substituer une plaque sensibilisée.

Mais quelle disposition vaut-il mieux adopter pour effectuer ce raccordement, entre la chambre noire et le microscope. La chose peut paraître indifférente au premier abord; il n'en est rien pourtant, et c'est en bonne partie d'une installation convenable que dépendra le succès. Certains constructeurs, fixent directement au tube du microscope une chambre noire; mais c'est là une disposition éminemment vicieuse, et cela pour plusieurs raisons. Le poids d'une chambre noire, même légère, sera toujours nuisible au fonctionnement de la vis micrométrique; en outre, les chocs que l'on imprimera à la chambre noire, en enlevant la glace dépolie, pour substituer à celle-ci un châssis négatif, se transmettront au microscope, et suffiront à déplacer l'objectif par rapport à la préparation. L'image alors ne sera plus au point sur la glace sensible, le cliché sera par conséquent confus.

Aussi, et cela après expérience, proscrivons-nous tout appareil photographique dans lequel la chambre noire se fixe directement au tube du microscope. Il est nécessaire que ces deux parties ne soient pas en contact direct, mais seulement réunies l'une à l'autre par un manchon d'étoffe.

Cette réserve faite, nous pouvons disposer notre chambre noire, soit verticalement au-dessus d'un microscope, en prenant soin de faire reposer celle-ci, non point sur l'instrument, mais directement sur la table, à l'aide de pieds d'une longueur suffisante. Nous pourrons également disposer la chambre noire horizontalement; bien entendu, dans ce cas, il faudra incliner de 45° le tube du microscope.

C'est cette disposition (*fig.* 1) que nous avons adoptée, elle rend les manœuvres bien plus commodes et surtout permet de donner à l'appareil une grande stabilité. Elle ne saurait offrir qu'un inconvénient, c'est d'être d'un emploi impossible dans le cas où l'on aurait à photographier une préparation

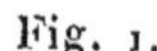

Fig. 1.

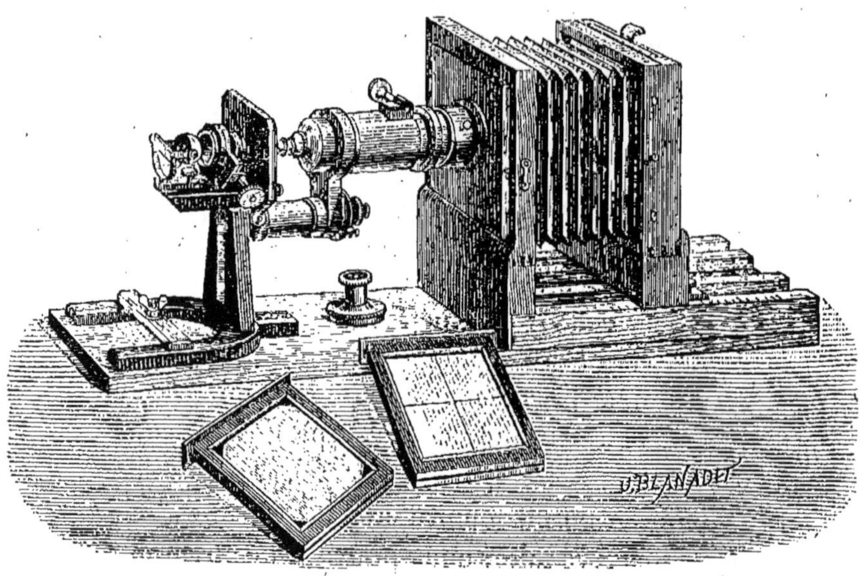

Microscope photographique réuni à la chambre noire. Appareil construit par M. Dumaige [1] sur les indications de l'auteur.

non fermée et dont par conséquent la lamelle serait sujette à glisser. Mais c'est là un inconvénient plus théorique que réel, puisqu'il est toujours facile, à l'aide de quelques gouttes de paraffine de fixer la lamelle au porte-objet.

---

(1) 9, rue de la Bûcherie, à Paris.

La chambre noire que nous avons adoptée est une chambre à soufflet glissant sur un chariot et tout à fait analogue à celle dont font usage les photographes.

Sa face antérieure est percée d'un large orifice destiné à recevoir l'extrémité du microscope; sa face postérieure est disposée comme à l'ordinaire pour recevoir la glace dépolie à laquelle on substitue le châssis à glace sensible, quand la mise au point est effectuée.

Le microscope se fixe en avant de la chambre noire sur une planche qui fait corps avec le chariot; l'extrémité oculaire du microscope est reçue dans l'orifice circulaire que présente la face antérieure de la chambre. Afin de s'opposer à ce que pas un filet de lumière ne puisse s'introduire dans celle-ci, on la réunit au microscope par un manchon métallique garni intérieurement de velours.

On conçoit sans peine qu'il est nécessaire que la platine du microscope soit parallèle à la glace dépolie, s'il en était autrement l'axe du cône lumineux ne viendrait pas tomber normalement sur celle-ci et l'image serait déformée.

Pour remplir cette condition il faut que le plan de symétrie du microscope se confonde avec le plan de symétrie de la chambre. Il faut en outre que l'axe du tube soit perpendiculaire sur le plan de la glace. Cette condition est facile à réaliser avec le microscope que j'ai fait construire; sa charnière est en effet pourvue d'une butée disposée de manière à ce que le mouvement d'inclinaison s'arrête dès que le tube a atteint une position exactement horizontale.

Ajoutons encore que, quelle que soit la disposition adoptée, il est nécessaire que l'appareil soit fixé sur une table massive et solidement calée afin de supprimer dans la mesure du possible les ébranlements qui ne manqueraient pas de troubler la formation de l'image. Si la chose est possible on installera son laboratoire photographique au rez-de-chaussée et loin des rues fréquentées afin de se mettre à l'abri des trépidations du sol qui constituent dans la photographie miscroscopique une importante cause d'insuccès.

On comprend aisément que quand on opère avec un appareil disposé comme je viens de l'indiquer, il est toujours nécessaire de fixer la préparation sur la platine à l'aide de valets. Quant à l'éclairage il peut être direct ou indirect, c'est-à-dire que la lumière peut être envoyée directement sur la préparation ou être d'abord réfléchie sur le miroir du microscope. Mais c'est là un point sur lequel nous reviendrons plus tard avec détails.

Maintenant que nous avons fait connaître la disposition qui nous paraît la plus favorable. Indiquons rapidement les opérations successives que nécessite l'obtention d'une épreuve de photographie microscopique, plus tard nous reviendrons avec détails sur chacune d'elles.

Quand on veut photographier une préparation, on examine tout d'abord celle-ci au microscope, comme à l'ordinaire, lorsque le point intéressant à reproduire est trouvé, on fixe le porte-objet sur la platine à l'aide des valets. On transporte alors le microscope, sur la planche qui termine en avant le chariot de la chambre noire; on incline le tube horizontalement puis on le réunit à celle-ci à l'aide d'un manchon métallique doublé de velours que j'ai fait construire dans ce but. Ceci fait, on éclaire l'objet soit directement, soit à l'aide de rayons lumineux réfléchis par le miroir. On met au point sur la glace dépolie, puis à celle-ci on substitue le châssis négatif renfermant une glace sensible. On développe ensuite l'épreuve latente qui s'est imprimée sur cette dernière; on obtient de la sorte un cliché négatif, d'où l'on tire des épreuves positives.

II. — Qualités que doivent offrir les préparations qu'on se propose de photographier.

Un dessinateur peut faire un excellent dessin d'après une préparation qui n'est que bonne, mais il faut une excellente préparation si l'on veut obtenir une photographie seulement satisfaisante. Aussi les préparations qu'on se propose de photographier doivent-elles être absolument irréprochables.

Je dois dire, en outre, qu'on rencontre souvent des pièces qui, tout en étant excellentes pour l'étude, ne sont pas susceptibles d'être photographiées, et ce cas se présente surtout s'il s'agit de coupes. Si en effet le plan de la section est seulement un peu gondolé, il sera impossible de mettre au point en même temps toutes les parties de celle-ci. Aussi quand on exécute des coupes en vue de la reproduction photographique, faut-il, lorsqu'on les monte, avoir soin de les faire adhérer par toute leur surface au porte-objet.

Les pièces teintes avec n'importe quelle couleur sont susceptibles d'être photographiées et cela sans qu'on perde l'avantage que procurent les réactifs colorants, au point de vue de la distinction des parties constitutives des tissus.

Je recommanderai encore aux histologistes qui se proposent de photographier leurs préparations, de veiller encore plus scrupuleusement qu'à l'ordinaire à ce que le liquide conservateur, baume ou glycérine, soit d'une pureté parfaite. Dans l'observation ordinaire notre œil, distrait par le sujet principal, ne voit pas un grain de poussière qui salit la préparation. La glace sensible voit tout, et reproduit avec la même importance, un corps étranger comme aussi les détails qui nous intéressent le plus.

CHAPITRE II.

I. — Optique photographique.

Nous avons dit plus haut qu'il était possible de photographier un objet microscopique en employant l'objectif seul, ou associé à un oculaire.

Le premier cas est le plus simple, c'est celui que nous allons examiner tout d'abord. Mettons un point sur une préparation en plaçant comme d'ordinaire notre œil à l'oculaire, puis retirons ce dernier et cherchons, à l'aide d'un écran le lieu de formation de l'image réelle fournie par l'objectif; nous trouvons celui-ci dans l'intérieur du tube du microscope à un niveau compris entre les plans que viennent occuper les deux lentilles de l'oculaire. Cette image qui est renversée est parfaite au point de vue de la netteté. Eloignons maintenant notre écran, l'image se formera sur lui d'une manière confuse, mais il nous sera facile de la rendre nette en approchant l'objectif de la préparation; naturellement l'image que nous obtenons maintenant est plus grande que celle que nous recueillions précédemment dans l'intérieur du tube. On comprend aisément qu'il en soit ainsi, si l'on examine la marche des rayons qui passent par l'objectif; au sortir de ce dernier ils convergent puis s'entrecroisent pour diverger ensuite.

On comprend donc qu'un objectif pourra donner une image d'autant plus grande que la glace dépolie sera placée plus loin de lui. Bien entendu en même temps qu'on éloignera la glace il faudra approcher l'objectif de la préparation.

Ainsi avec un objectif quelconque on peut obtenir une image aussi grande que l'on désire, en éloignant la glace dépolie, c'est-à-dire en augmentant le tirage de la chambre noire. Cette considération a engagé certains photomicrographes à donner à leur chambre noire un allongement considérable, mais ils ont fait fausse route, à notre avis. Plus la glace dépolie s'éloignera de l'objectif, plus celui-ci devra être rapproché de la préparation; mais plus aussi l'image manquera de netteté. On comprend en effet que plus l'objectif sera rapproché de la préparation, moins aussi il aura de *profondeur*. Un exemple fera aisément comprendre ce qu'il faut entendre par là.

Si nous mettons une préparation au point sur la glace dépolie placée aussi près que possible du microscope, nous pouvons recueillir en même temps l'image de presque tous les plans de celle-ci;

mais si nous éloignons la glace dépolie nous ne pourrons plus recevoir que l'image d'un plus petit nombre de plans et ce défaut s'accentuera d'autant plus que nous éloignerons davantage la glace dépolie.

En résumé, si l'on photographie en plaçant la glace sensible aussi près que possible du microscope on obtiendra une image peu grossie, mais très nette. On aura en revanche une photographie d'autant plus grossie, mais aussi d'autant moins nette, que l'on augmentera davantage le tirage de la chambre noire.

Faut-il en conclure qu'avec un objectif donné, le mieux soit d'opérer toujours aussi près que possible du microscope. Assurément non, lorsque l'image n'a pas une grandeur suffisante, le grain de la couche sensible prend de l'importance par rapport aux détails de l'objet et masque ceux-ci ; de plus une petite épreuve est difficile à développer et ne peut être lue que si on lui fait subir un agrandissement.

Il faut donc donner à la chambre noire un tirage, au moins suffisant, pour que les détails de l'image ne soient pas masqués par le grain de la couche sensible.

Quelle doit être exactement la distance de la glace sensible à l'objectif? C'est une question dont l'appréciation varie pour chaque cas et sur laquelle on ne peut formuler une règle absolue. Disons seulement que cette distance pourra être d'autant plus grande que l'objectif employé aura un foyer plus long.

Ajoutons encore que la nature de l'objet à reproduire doit entrer en ligne de compte; ainsi une préparation mince et dont tous les points sont sensiblement sur le même plan, peut être photographiée avec un tirage de chambre plus considérable que s'il s'agissait d'une pièce occupant plusieurs plans.

L'expérience nous a montré que, même dans les cas les plus favorables, la distance de l'objectif à la glace sensible ne doit pas excéder $0^m,50$.

C'est sur cette base que nous avons calculé la longueur qu'il convenait de donner au soufflet de notre appareil.

Quand la chambre noire est étendue à son maximum, la surface couverte par l'image, même quand on emploie un objectif puissant, n'excède pas $0^m,12$ de diamètre. Aussi avons-nous donné à nos châssis négatifs des dimensions telles qu'on puisse y loger une glace carrée mesurant $0^m,12$ de côté.

Emploi de l'oculaire microscopique. — Nous avons montré plus haut qu'on peut photographier sans oculaire ou en employant cet instrument; nous avons étudié la première de ces conditions, examinons maintenant la seconde et voyons les avantages et les inconvénients qu'elle peut présenter.

Si nous observons la marche des rayons qui sortent de l'oculaire nous voyons que ceux-ci, après s'être entrecroisés à peu de distance au-dessus de la lentille de l'œil, divergent en formant un cône beaucoup plus ouvert que ceux qui sortent de l'objectif. Il en résultera, que l'image réelle sera plus agrandie quand on employera l'oculaire que quand on se servira de l'objectif seul, le tirage de la chambre restant bien entendu le même dans les deux cas.

On pourra donc, en employant l'oculaire, obtenir une image plus grande qu'avec l'objectif seul, et cela sans être dans la nécessité d'augmenter le tirage de la chambre. Mais il faut remarquer que si l'oculaire présente des avantages, il offre en revanche un inconvénient : ses verres absorbent une quantité si considérable de lumière que son emploi nous mettra dans la nécessité d'augmenter le temps de pose dans des proportions considérables.

Choix des objectifs. — Les objectifs employés en photographie microscopique doivent posséder toutes les qualités qu'on exige des lentilles employées aux observations ordinaires, il faut de plus qu'ils soient corrigés du foyer chimique. S'il en était autrement l'image chimique, c'est-à-dire l'image capable d'impressionner la plaque photographique se formerait au delà ou en deçà de la glace dépolie sur laquelle nous mettons au point l'image visuelle; dans ces conditions nous ne pourrions obtenir que des épreuves confuses.

Il y a quelques années encore on aurait eu peine à se procurer des objectifs dépourvus de foyer chimique. Il n'en est plus de même aujourd'hui, presque tous les objectifs construits par les bons fabricants sont dans ce cas. Ainsi les numéros 3, 6 et 8 de Prazmowsky, les mêmes numéros de Verick, le DD et le F de Zeiss remplissent cette condition. On en trouverait encore beaucoup d'autres, mais je ne cite que ceux que je possède et dont j'ai fait un usage journalier.

Rien d'ailleurs n'est plus facile que de contrôler les qualités photographiques d'un objectif. Après avoir vissé celui-ci sur le microscope on dispose sur la platine une préparation de diatomées, et l'on met exactement au point sur la glace dépolie quelqu'un des fins détails de structure que ces êtres présentent. A la glace dépolie on substitue la glace sensible ; si sur le cliché ainsi obtenu, les mêmes détails qu'on a mis au point se montrent avec netteté, on peut affirmer que l'objectif employé est dépourvu de foyer chimique.

Nécessité d'obtenir des photographies embrassant un champ aussi étendu que possible. — Avant de montrer les raisons qui nous conduisent à chercher à obtenir des photographies d'un champ aussi étendu que possible, précisons bien ce qu'il faut entendre par étendue du champ. Un exemple nous permettra de saisir facilement la valeur de ce terme. Sur la platine d'un microscope muni de l'objectif 8 Prazmowsky et de l'oculaire 1. Disposons un micromètre divisé en centièmes de millimètre. Comptons le nombre de divisions que notre œil peut apercevoir, nous en trouverons environ 47. Nous dirons alors qu'avec l'objectif 8, l'oculaire 1, et la longueur du tube employé, l'étendue du champ est de 47 centièmes de millimètre. Si, toutes les autres conditions restant les mêmes, nous employons l'objectif 3 au lieu de l'objectif 8, nous observons que l'étendue du champ est beaucoup plus grande et qu'elle compte alors 85 centièmes de millimètre. Le sens des mots, étant maintenant bien défini il nous sera facile de faire comprendre au lecteur l'utilité qu'il y a dans beaucoup de cas de chercher à obtenir avec un objectif donné un champ plus étendu que celui que notre œil embrasse à travers l'oculaire d'un microscope, disposé comme pour les observations ordinaires.

C'est qu'en effet nous désirons qu'une photographie ait les mêmes qualités qu'une représentation iconographique ordinaire, c'est-à-dire nous montre à la fois l'ensemble d'un objet et ses détails de structure. Lorsque nous avons à représenter par le dessin, une préparation, nous pouvons arriver au résultat désiré par deux méthodes différentes; ou bien nous dessinons d'abord les contours de l'objet avec un faible objectif qui nous en montre l'ensemble, pour achever ensuite les détails en nous aidant d'un puissant système de lentilles; ou bien employant d'emblée un objectif fort qui ne nous montre que des morceaux de l'objet, nous dessinons successivement ces parties à la chambre claire pour les raccorder ensuite. Il va sans dire qu'aucune de ces deux méthodes n'est applicable à la photographie.

Heureusement la difficulté peut être aisément tournée, si l'on remarque qu'un objectif donné, est susceptible de former sur un écran une image nette d'un champ beaucoup plus étendu que celle que notre œil peut recueillir quand il est armé d'un oculaire. On pourra donc arriver au résultat désiré en utilisant pour la photographie toute l'étendue nette de l'image fournie par l'objectif, nous aurons ainsi un champ très considérable, et tous les détails de structure que l'objectif est susceptible de montrer.

La modification qu'il convient d'apporter au microscope pour qu'il nous soit possible de recueillir sur la glace sensible une image, aussi étendue que possible, est facile à réaliser, il suffira d'augmenter le calibre du tube, c'est ce que nous avons fait pour notre microscope photographique. Le microscope à tube ainsi élargi peut, aussi bien qu'un autre, servir aux observations habituelles, dans ce but nous avons fait établir une pièce de raccordement qui permet d'y adapter un oculaire ordinaire (*fig.* 2).

On comprend aisément les motifs qui ont déterminé les constructeurs à donner aux microscopes destinés aux observations ordinaires un tube à

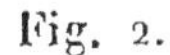

Fig. 2.

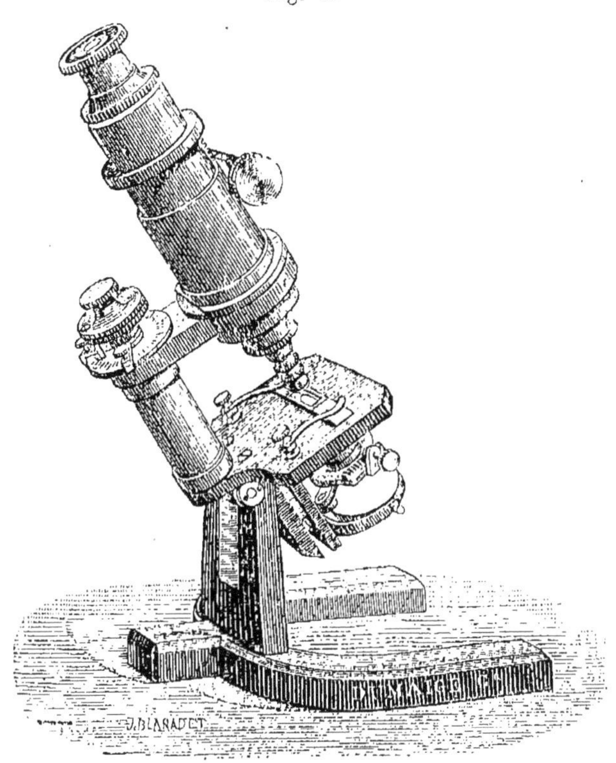

Microscope photographique disposé pour l'observation. Appareil construit par M. Dumaige sur les indications de l'auteur.

diamètre étroit; les dimensions de celui-ci sont déterminées par celles de l'oculaire, qui, à moins de fatiguer l'observateur, ne doit recueillir que l'étendue de l'image que notre œil peut embrasser commodément.

Aberration sphérique des objectifs. — Quand on reçoit sur un écran, toute l'étendue de l'image que peut fournir un objectif, on remarque qu'elle est confuse sur ses bords, mais que sa partie centrale qui est nette embrasse un champ beaucoup plus étendu que celui que notre œil peut percevoir quand il observe à travers l'oculaire d'un microscope ordinaire.

Dans la plupart des cas on aura un champ très suffisant en utilisant seulement la partie nette de l'image, mais si, dans certaines circonstances, on désire étendre le champ encore davantage, rien ne sera plus aisé que de rendre nets les bords de l'image; pour cela il suffit en effet de placer un diaphragme bien choisi presque en contact avec la lentille supérieure de l'objectif.

J'ai fait établir dans ce but un jeu de diaphragmes qu'on peut visser comme des pièces intermédiaires entre le cône du microscope et l'objectif.

Il faudra toujours choisir un diaphragme à ouverture aussi grande que possible; car plus le diaphragme sera petit moins les détails de la préparation seront nettement définis.

Emploi d'une lentille concave à la place de l'oculaire. — Nous avons montré plus haut les avantages que présente l'emploi d'un oculaire; cet appareil permet d'obtenir une image très grande, sans qu'on soit pour cela dans la nécessité de donner un long tirage à la chambre noire.

Malheureusement l'oculaire a l'inconvénient d'absorber une quantité considérable de rayons lumineux ; aussi ai-je cherché une combinaison optique qui, tout en rendant les mêmes services que l'oculaire, ne présente pourtant pas les défauts de ce dernier.

J'y suis arrivé en adaptant au tube du microscope photographique, en guise d'oculaire, une lentille bi-concave de faible courbure. Celle-ci faisant diverger les rayons lumineux émis par l'objectif permet d'obtenir une image très grande sans qu'on soit pour cela obligé de donner à la chambre un long tirage et sans qu'il y ait une perte sensible de lumière.

Quand, dans le but d'obtenir un champ aussi étendu que possible on emploie un microscope à tube large, on ne peut se servir de l'oculaire que sous peine de perdre tout le bénéfice de cet élargissement, aussi faut-il nécessairement avoir alors recours au verre concave. On ne trouve pas, en effet, d'oculaires à grand diamètre tout construits, mais assurément un opticien habile n'aurait aucune difficulté à réaliser de tels instruments.

Précautions à prendre pour supprimer toute réflexion sur les parois du tube. — On conçoit aisément que si la glace sensible reçoit des rayons autres que ceux qui lui viennent directement de l'objectif, l'image sera confuse, aussi faut-il prendre toutes les précautions voulues pour qu'aucun rayon ne soit réfléchi sur les parois du tube du microscope.

Quand on emploiera notre instrument, cela ne sera à craindre dans aucun cas, car nous l'avons pourvu de diaphragmes disposés dans ce but.

Si l'on fait usage d'un microscope ordinaire il en sera de même quand on se servira de l'oculaire, mais quand on voudra photographier sans le secours de cet instrument, il faudra disposer vers l'extrémité du tube un diaphragme mobile. Faute de cette précaution, des rayons réfléchis viendraient tomber sur la glace dépolie et y former une tache lumineuse centrale.

II. — Éclairage des préparations.

Il est nécessaire que la lumière qui éclaire la préparation en la traversant soit assez intense, pour que l'image formée sur la glace dépolie soit bien lumineuse. Autrement la mise au point serait très difficile et la durée du temps de pose se trouverait allongée dans des proportions considérables.

J'ai depuis longtemps renoncé à me servir de la lumière du jour pour éclairer mon appareil photographique, le soleil est trop rare dans nos climats pour qu'on puisse compter sur lui, et l'intensité de ses rayons est si variable qu'il faudrait chaque fois qu'on travaille, calculer à nouveau le temps de pose. Aussi je conseille sans hésitation l'emploi d'une source lumineuse artificielle ; je me suis servi d'une manière courante de la lampe Drummond, de la lampe à pétrole, enfin de la lampe électrique à incandescence.

La lampe Drummond donne une lumière superbe, et c'est à elle que je donnerais peut-être la préférence si son emploi ne nécessitait une surveillance constante. Elle a en outre l'inconvénient grave de dépenser beaucoup et de nécessiter des frais de première installation qui sont vraiment considérables.

L'huile de pétrole brûlée dans une grosse lampe à trois mèches donne aussi une très belle lumière et je m'en suis servi pendant plusieurs années. Mais ce mode d'éclairage est très désagréable pour l'opérateur; quelques soins qu'on prenne, la lampe fume toujours et dégage une chaleur telle que son voisinage est, en été surtout, presque insupportable.

Qu'on emploie la lumière Drummond ou le pétrole il faudra dans tous les cas enfermer la lampe dans une bonne lanterne à projection. Si l'on craignait que la chaleur dégagée ne fût assez grande pour endommager la préparation, on placerait en avant de la platine du microscope une cuve remplie d'une solution saturée d'alun.

Après une longue pratique de la photographie microscopique, c'est à la lampe électrique à incandescence que nous donnons notre préférence.

Même avec une petite lampe électrique ne produisant qu'une quantité de lumière relativement faible, on peut obtenir une image aussi éclairée que si l'on employait une puissante lanterne à projections. Cela se conçoit aisément si l'on remarque que la lampe à incandescence, en raison de son faible volume et du peu de calorique qu'elle dégage, peut être placée tout près de la préparation. Une lampe électrique de 3 ou 4 volts est amplement suffisante, il faut pour actionner celle-ci une batterie équivalente à 4 éléments Bunsen.

Pour que l'emploi de la lumière électrique soit commode, il faut posséder des piles demandant le moins d'entretien possible, et toujours prêtes à fonctionner. M. Dumaige a construit dans ce but des piles à réservoir qui offrent tous les avantages désirables, elles peuvent rester montées plusieurs mois sans qu'on y touche, et sont toujours prêtes à fournir de la lumière au moment du besoin.

Avec un appareil microphotographique, disposé horizontalement, on peut, quelle que soit la source lumineuse employée, éclairer la préparation soit directement, soit à l'aide de rayons obliques.

Dans le premier cas, si l'on emploie le pétrole ou la lampe Drummond, on disposera la lanterne à projection à quelque distance de la platine, bien dans l'axe du microscope. Quant à la lampe à incandescence, elle se placera aussi près que possible de la préparation.

Il faudra toujours avoir soin de disposer en avant de la préparation un diaphragme aussi étroit que possible; c'est une condition indispensable si l'on veut obtenir des images nettes.

Quiconque a quelque habitude des observations microscopiques, sait combien il est nécessaire d'employer dans certains cas la lumière oblique. Cette nécessité se présentera aussi souvent dans les opérations de microphotographie. Aussi est-il très utile de fixer à la platine du microscope un condensateur analogue à celui qui a été imaginé par M. Abbe ([1]). Cet instrument nous permettra, en faisant simplement tourner un bouton molleté, d'envoyer sur la préparation un rayon lumineux sous tel angle d'incidence que nous le jugerons convenable.

Dans toute circonstance les rayons lumineux doivent tomber directement sur le condensateur; aussi, lorsque le microscope sera monté pour la photographie, enlèvera-t-on le miroir (*fig.* 1, p. 4).

Si l'on fait usage de la lumière électrique, il faudra placer la lampe à incandescence au foyer du

---

([1]) M. Dumaige, construit cet instrument avec une remarquable précision.

condensateur. On y arrivera aisément à l'aide d'un petit porte-lampe que j'ai fait construire par M. Dumaige, et qui se fixe à la monture du miroir en se substituant à ce dernier (*fig.* 1). Ainsi disposée, la lampe jouit de mouvements multiples qui permettent de la centrer aisément.

J'ajouterai en outre qu'il faut se servir de lampes dont une des faces est argentée et joue ainsi le rôle de réflecteur.

Si l'on n'a pas de condensateur à sa disposition et qu'on désire pourtant éclairer obliquement la préparation, il faudra renoncer à l'éclairage électrique, et recevoir le faisceau lumineux émis par la lanterne à projection sur le miroir qui le réfléchira ensuite sur l'objet. Mais c'est là un pis aller, le miroir absorbe beaucoup de rayons lumineux et sa manœuvre est difficile.

III. — Mise au point.

Lorsque la région qu'il convient de photographier dans une préparation est difficile à trouver, on cherche d'abord celle-ci avec le microscope redressé et disposé comme pour l'observation ordinaire (*fig.* 2, p. 16). La région intéressante étant trouvée, on fixe le porte-objet sur la platine à l'aide des valets, on incline le microscope et on le réunit à la chambre noire; puis on éclaire la préparation.

On observe alors la glace dépolie en s'abritant d'un voile noir et l'on met approximativement la préparation au point en manœuvrant la vis micrométrique. Ceci fait, on avance ou on recule la glace dépolie jusqu'à ce que l'image se montre avec l'agrandissement désiré. Souvent aussi on est obligé de changer l'objectif, la crémaillère que nous avons fait adapter à notre appareil permet d'effectuer facilement cette manœuvre.

Lorsqu'on est fixé sur la combinaison optique à employer et sur la position qu'il convient de donner à la glace dépolie, on fixe la partie postérieure de la chambre noire à l'aide des vis de pression qui garnissent celle-ci. On procède alors à une mise au point rigoureuse; celle-ci ne peut guère s'effectuer sur la glace dépolie dont le grain masque les fins détails de l'objet. Aussi faut-il avoir recours au très ingénieux procédé imaginé par M. Moitessier. A la glace dépolie on substitue une glace ordinaire transparente sur la face antérieure de laquelle on a tracé au diamant quelques traits fins.

Sur la face postérieure de cette glace on applique une loupe analogue à celle dont les photographes se servent pour la mise au point, et dont on a d'avance réglé le tirage de manière à ce que les traits de diamant soient exactement à son foyer.

A travers cette loupe l'image apparaît aussi

clairement que si l'on observait avec l'oculaire d'un microscope. On fait alors mouvoir la vis jusqu'à ce que l'image apparaisse le plus nettement possible. Celle-ci sera alors bien évidemment au point sur la face antérieure de la glace, puisque cette dernière est elle-même au foyer de la loupe.

CHAPITRE III.

I. — Couche sensible.

Pour la reproduction des objets microscopiques, le mieux est de faire usage de glaces sèches préparées au gélatinobromure d'argent. Ce procédé présente à tous les points de vue de tels avantages sur les anciennes méthodes que son emploi est devenu presque universel aujourd'hui.

Il y a quelques années encore, le choix de bonnes glaces préparées était assez difficile, et même, en s'adressant aux fabricants les plus connus, il n'était pas rare de tomber sur des séries de glaces dont la couche sensible se décollait pendant le développement, quelque précaution que l'on prenne pour prévenir cet accident irrémédiable.

Aujourd'hui, il n'en est plus de même, la fabrication des plaques préparées est devenue une véritable industrie et s'est, par là même, beaucoup perfectionnée et régularisée; aussi, en s'adressant à une maison connue, peut-on être sûr de se procurer des produits sur lesquels on pourra compter.

Les bons fabricants sont maintenant si nombreux que je ne veux citer que ceux qui sont le plus anciennement connus. Ce sont : MM. Dorval, Garcin, Thiébaut. Les plaques préparées en Angleterre et en Belgique ont encore chez nous une certaine vogue, mais bien peu méritée à mon avis ; les plaques étrangères coûtent toujours plus cher que les produits français et valent rarement ceux-ci.

Je dois encore faire une mention toute particulière des glaces préparées en France par MM. Attout-Taillefer et Clayton, et désignées par eux sous le nom de plaques isochromatiques ; ces plaques qui sont excellentes dans tous les cas, présentent surtout un avantage considérable quand on a à photographier des préparations colorées.

La plupart des plaques préparées qu'on trouve dans le commerce ont une sensibilité cinq ou six fois plus grande que celle du collodion humide, mais on fabrique aussi des plaques dites instantanées qui peuvent être quarante à cinquante fois plus rapides que le collodion.

Au point de vue de la photographie microscopique, nous ne conseillons pas l'emploi de ces dernières ; le temps d'exposition qu'elles demandent est, dans certains cas, si court, qu'il est difficile de le mesurer exactement. En outre, il faut avec les plaques instantanées prendre des précautions très minutieuses pour les préserver de tout voile. Il serait avantageux d'en faire usage seulement dans le cas où, employant une lumière faible et un grossissement très fort, on voudrait raccourcir le temps de pose, qui, dans ces conditions, peut quelquefois être de 20 à 25 minutes, avec des plaques ordinaires.

Si l'on désire que les clichés obtenus soient susceptibles d'être tirés par un procédé mécanique aux encres grasses, il faudra avoir soin d'employer des glaces dites pelliculaires. Celles-ci sont préparées de telle manière que, lorsqu'elles sont développées et séchées, on peut détacher la couche de gélatine du verre qui la supporte. On comprend la nécessité de cette précaution, si l'on réfléchit que, dans tous les procédés de reproductions mécaniques, le négatif doit être soumis à une pression considérable qui briserait une lame de verre, mais à laquelle résiste une feuille de gélatine.

II. — Exposition de la couche sensible dans la chambre noire.

Le châssis négatif est destiné à recevoir la glace sensible et à se substituer au châssis à glace dépolie, lorsque la mise au point est effectuée.

Il est fermé en avant par un volet qu'on ouvre au moment de la pose, et en arrière par une porte qui sert à l'introduction de la plaque.

Le châssis que nous avons fait construire pour notre appareil photographique peut contenir des glaces d'une dimension maximum de 12 × 12 ; si l'on veut faire des épreuves plus petites de 9 × 12 ou de 8 × 8, on rétrécit les dimensions intérieures du châssis à l'aide d'un léger cadre en bois connu sous le nom de diminutif.

On doit veiller à ce que le châssis ferme parfaitement, le plus mince filet de lumière pourrait, en s'y introduisant, voiler la glace sensible. On comprend en outre qu'il est nécessaire que, quand on le substitue à la glace dépolie, la plaque sensible qu'il renferme vienne rigoureusement occuper la même position que cette dernière. C'est d'ailleurs là une condition toujours remplie quand on s'adresse à un constructeur soigneux.

La mise au point étant effectuée, on place dans le châssis négatif une glace sensible; cette opération comme aussi celle du développement doit s'effectuer dans le cabinet obscur.

Profitons de l'occasion pour dire quelques mots de l'installation de celui-ci ; il n'est pas nécessaire que cette pièce soit bien vaste, il suffit qu'elle puisse loger l'opérateur et une petite table. L'important, c'est qu'aucun filet de lumière ne puisse s'y infiltrer du dehors. Dans le cabinet obscur on s'éclaire *exclusivement* avec une lanterne fermée par un verre *rouge rubis très foncé* auquel, par surcroît de précautions, on surajoute souvent un verre jaune. La condition principale que doit remplir une lanterne, est de ne pas laisser passer un rayon de lumière qui n'ait été tamisé par le verre de couleur, autrement on serait certain de n'obtenir que des clichés voilés. Les lanternes les plus commodes sont celles à gaz; on en fait aussi qui s'éclairent avec une bougie ou avec une lampe à huile.

La glace préparée se met naturellement dans le châssis, la face sensible tournée du côté du volet; cette face se reconnaît aisément à son aspect mat.

On sort du cabinet obscur après que le châssis a été soigneusement refermé, et l'on substitue celui-ci à la glace dépolie. Au préalable on a eu soin d'arrêter les rayons qui éclairent l'objet, soit en plaçant entre celui-ci et la source lumineuse un léger écran de carton, si l'on emploie une lanterne à projections; soit en interrompant le courant si c'est de lumière électrique dont on fait usage.

On ouvre ensuite le châssis négatif, puis enlevant l'écran ou, selon le cas, rétablissant le courant électrique, on laisse agir la lumière pendant un temps variable suivant les circonstances et que nous apprendrons plus loin à déterminer; on produit de nouveau l'extinction lumineuse, puis on ferme le châssis; on emporte alors celui-ci dans le cabinet obscur où l'on procède au développement de la plaque.

III. — Développement.

On désigne sous le nom de développement l'opération qui consiste à faire apparaître, à révéler, l'image latente imprimée sur la couche sensible ([1]) pendant l'exposition à la chambre noire.

Il existe plusieurs procédés de développement. Mais comme aucun d'eux ne présente de supériorité bien réellement reconnue au point de vue du résultat définitif, je me contenterai de donner celui que j'emploie le plus souvent; il a au moins l'avantage d'être d'un emploi très facile même pour les personnes non initiées aux manipulations photographiques.

On prépare d'avance les deux solutions suivantes :

A	Oxalate neutre de potasse	300gr
	Eau distillée.	1000
B	Sulfate de fer	300gr
	Eau distillée	1000
	Acide sulfurique	3 gouttes.

([1]) La glace développée prend le nom de cliché; il est à peine nécessaire de rappeler que celui-ci est un négatif, c'est-à-dire une image dans laquelle les parties claires du modèle sont rendues en noir, et réciproquement.

La solution A se conserve indéfiniment sans qu'il soit nécessaire de prendre pour cela aucune précaution particulière. La solution B s'altère avec le temps et souvent au bout de quelques jours précipite et devient trouble; mais on la régénère aisément en y ajoutant quelques gouttes d'acide sulfurique qui lui rendent sa teinte verte et sa limpidité primitive.

Au moment de développer on prépare le bain révélateur de la manière suivante : à l'aide d'un verre gradué on mesure 80^{cc} de la solution A, qu'on verse dans une cuvette. On y ajoute ensuite 20^{cc} de la solution B. Il faut avoir soin de verser la seconde solution dans la première et cela peu à peu et en agitant constamment, autrement il se formerait un précipité.

Un bain des 100^{cc} est amplement suffisant pour une glace de 12×12. Bien que le révélateur perde assez rapidement sa force au contact de l'air, un même bain peut pourtant servir à développer successivement 4 à 5 glaces. Mais, lorsqu'on voudra faire des expériences comparatives, il sera de toute nécessité de préparer pour chaque glace un bain neuf.

Aussitôt la glace sortie du châssis, on la plonge dans le révélateur et l'on agite la cuvette pendant tout le temps que dure le développement.

Au bout d'une demi-minute d'immersion l'image latente commence à apparaître; les grands noirs du cliché qui correspondent aux grandes lumières du modèle se montrent les premiers, puis graduellement et régulièrement les demi-teintes apparaissent les unes après les autres; enfin les parties les plus claires qui répondent aux parties foncées du modèle se recouvrent à leur tour d'une légère teinte grise.

A ce moment l'opération n'est pas loin d'être achevée; on examine alors de temps en temps le cliché par transparence. Lorsqu'on juge les noirs de celui-ci suffisamment intenses, on sort définitivement la glace du bain révélateur.

Il faut une certaine habitude pour juger le moment précis auquel il convient d'arrêter le développement; mais il faudra toujours se rappeler que le cliché perd beaucoup d'intensité sous l'influence du bain fixateur, aussi ne faut-il sortir le cliché du bain révélateur que quand il a dépassé, et de beaucoup, le degré d'intensité qu'on veut obtenir définitivement.

Il est difficile de fixer le temps précis que doit durer le développement, nous dirons toutefois, afin de servir de guide aux débutants, qu'avec la formule que nous venons d'indiquer, une glace *correctement posée* demande toujours 8 à 10 minutes de séjour dans le bain révélateur.

Une fois le développement achevé, on lave rapidement la glace en la passant dans une cuvette d'eau distillée, puis on la fixe en la plongeant dans la solution suivante qu'on a préparée d'avance.

Eau ordinaire....................	1000^{cc}
Hyposulfite de soude	120^{gr}

La glace est à peine plongée depuis quelques minutes dans ce bain qu'elle est devenue insensible à la lumière ; aussi peut-on à ce moment sortir du cabinet noir et laisser le fixage s'achever en pleine lumière. On juge que cette opération est terminée quand, examinant le dos du cliché par réflexion, celui-ci ne montre plus aucune tache laiteuse.

Il ne reste plus alors qu'à laver le cliché pendant deux ou trois heures à l'eau courante pour le débarrasser des dernières traces d'hyposulfite. Puis on le laisse ensuite sécher à l'air libre.

Maintenant que nous venons d'indiquer l'ensemble des manipulations que doit subir une glace impressionnée pour être transformée en un cliché, revenons avec plus de détails sur l'opération du développement. Celle-ci ne présente aucune difficulté quand la glace a été correctement posée, et même le plus inexpérimenté sera dans ce cas presque sûr d'obtenir toujours un bon résultat ; mais si le temps de pose n'a pas été convenable, le succès dépendra de l'habileté avec laquelle l'opérateur saura diriger le développement. Avant de faire connaître la ligne de conduite que celui-ci doit tenir dans tel ou tel cas, il est nécessaire que nous indiquions les caractères que doit présenter un bon négatif, et le signe auquel on reconnaîtra que le temps de pose a été ou trop court ou trop long.

1° Une glace, si elle a été exactement posée et développée le temps voulu, donne un cliché à la fois harmonieux et intense. On dit d'un cliché qu'il est harmonieux quand toutes les teintes du modèle y sont reproduites avec leur valeur respective exacte; on dit qu'il est intense quand les parties les plus foncées sont d'un beau noir.

2° Une glace trop posée, et développée le même temps qu'une glace correctement posée, donnera un cliché enfumé, c'est-à-dire intense et uniforme, (uniforme veut dire, dans lequel la différence entre les parties les plus claires et les parties les plus foncées n'est pas suffisante).

3° Une glace trop posée et peu développée donne un cliché gris, c'est-à-dire peu intense et uniforme; toutefois l'uniformité sera moindre que si le développement avait été prolongé.

4° Une glace insuffisamment posée et développée le même temps qu'une glace correctement posée, donne un cliché peu intense et incomplet, c'est-à-dire dans lequel l'échelle des valeurs sera incomplète, les demi-teintes faisant défaut.

5° Une glace insuffisamment posée, mais dont le développement a été prolongé, donne un cliché intense, mais toujours incomplet dans les demi-teintes, qui sera par conséquent blanc et noir.

Tels sont les caractères qui permettront de juger

un négatif et de reconnaître les erreurs qu'on a pu commettre dans la détermination du temps de pose.

A peine la glace sensible est-elle plongée dans le révélateur qu'il est possible à certains signes de reconnaître si elle est trop ou trop peu posée. Il est encore temps de corriger l'un ou l'autre de ces défauts en modifiant la composition du révélateur.

Nous allons indiquer, en même temps que le symptôme du mal, le remède qu'il convient d'appliquer dans tel ou tel cas.

1° Quand l'image se montre après une demi-minute ou une minute d'immersion dans le révélateur, et que les teintes et demi-teintes apparaissent lentement et régulièrement les unes après les autres, c'est que la glace a été correctement posée ; le développement durera alors environ 6^{min} à 8^{min}.

2° Quand l'image apparaît immédiatement après l'immersion dans le révélateur, et qu'elle devient aussitôt grise dans toutes ses parties sans qu'on voie arriver graduellement les teintes, les unes après les autres ; c'est que la pose a été excessive ; on corrige ce défaut en ralentissant le développement, par l'adjonction au bain révélateur de 10 à 15 gouttes d'une solution au dixième de bromure d'ammonium.

3° Quand l'image n'a pas apparu après 2^{min} d'immersion ; c'est que la pose a été trop courte. Il faut alors augmenter la force du révélateur en y ajoutant peu à peu une certaine quantité de la solution de sulfate de fer. On pourra aller jusqu'à 10^{cc}.

Si, malgré cela, l'image n'apparaît pas, ou si les grands noirs du cliché se montrent seuls, il faut ajouter au bain révélateur 2 à 3 gouttes d'une solution d'hyposulfite de soude à $\frac{1}{200}$. La réduction de l argent reprend aussitôt et peut être poussée assez loin pour arriver à obtenir un bon cliché.

En terminant le chapitre consacré au développement, nous ajouterons comme dernière remarque, qu'il faut, pendant toute la durée du séjour de la glace dans le bain révélateur, surveiller les parties du cliché protégées par la feuillure du châssis. Elles doivent rester d'un blanc de porcelaine. Si elles devenaient grises, ce serait un signe évident que la glace a reçu des rayons étrangers à l'image, et provenant d'un défaut de fermeture du châssis, ou de ce que la lanterne rouge laisse passer quelques rayons de lumière blanche.

IV. — Renforcement des clichés.

Une fois le développement et le fixage opérés, le photographe n'est point à bout de ressources. A ce moment encore il peut améliorer un cliché en le renforçant. Mais il ne faudrait pas croire que tout cliché puisse gagner à cette opération. On ne doit renforcer que les négatifs faibles, c'est-à-dire ceux qui dans aucune de leurs parties n'ont de noir suffisamment opaque. Il serait tout à fait inutile et même nuisible de chercher à renforcer un cliché intense bien qu'incomplet dans les demi-teintes, le renforçateur ne saurait faire venir celles-ci.

On ne doit procéder au renforcement que quand la couche de gélatine a été, par un lavage profond, débarrassée des dernières traces d'hyposulfite.

On opère de la manière suivante : on immerge le cliché dans une solution saturée à froid de bichlorure de mercure. L'image prend bientôt une teinte blanchâtre qu'on laisse s'accentuer d'autant plus qu'on désire renforcer davantage. Lorsqu'on le juge convenable, on retire le cliché du bichlorure, on le lave soigneusement à plusieurs eaux, puis on l'immerge dans une cuvette contenant de l'ammoniaque diluée ($\frac{1}{4}$ à $\frac{1}{20}$). Le cliché perd alors son aspect laiteux et prend une teinte brun foncé. Il ne reste plus qu'à effectuer un dernier lavage, après quoi on laisse sécher la glace.

Nous devons dire que le renforcement ne doit être considéré que comme un pis aller; il ne faut jamais compter sur ce procédé, mais s'efforcer avant tout de déterminer exactement le temps de pose et ensuite chercher à se rendre assez maître des procédés de développement pour pouvoir corriger, grâce à eux, les légères erreurs qu'on commettra toujours dans cette détermination.

CHAPITRE IV.

Détermination du temps de pose.

On appelle *temps de pose* le temps pendant lequel une glace doit subir l'impression lumineuse à la chambre noire pour donner ensuite au développement un bon cliché.

L'expérience nous montre que, toutes choses égales d'ailleurs, la durée du temps de pose est inversement proportionnelle à l'intensité lumineuse de l'image qui se forme dans la chambre noire. Ainsi, par exemple, si cette intensité devient deux fois plus grande sans qu'aucune des autres conditions expérimentales soit modifiée, il faudra diminuer le temps de pose de moitié.

Ce rapport constant entre l'intensité lumineuse et le temps pendant lequel l'exposition doit durer, nous démontre qu'une plaque sensible de nature déterminée doit, pour être susceptible de donner un bon cliché, avoir dans tous les cas reçu de la chambre noire l'impression d'une quantité déterminée de rayons lumineux. Quantité constante, dont l'intensité lumineuse de l'image et la durée du temps de pose sont les deux facteurs variables.

L'expérience nous montre de plus que, selon leur nature, les plaques sont plus ou moins sensibles, c'est-à-dire réclament une quantité plus ou moins grande de rayons lumineux. Ainsi par exemple, les plaques Monckoven ont une sensibilité 16, et les plaques Stebbing une sensibilité 9. Ce qui veut dire que si, dans les mêmes conditions d'intensité lumineuse de l'image, on employait ces deux sortes de glaces, il faudrait poser par exemple 16^s les premières si l'on posait 9^s les deuxièmes.

Il nous sera facile après ces explications préalables de faire comprendre au lecteur la méthode que nous avons imaginée pour déterminer la durée du temps de pose. Notre méthode demande l'emploi d'un petit appareil qu'on trouve dans le commerce sous le nom de sensitomètre de Warnercke (*fig.* 3, p. 42) et qui a une destination tout autre que celle que nous lui donnons. C'est une petite plaque de verre sur laquelle est imprimée une gamme de 25 teintes régulièrement graduées. Chaque teinte ou degré porte un numéro opaque. Au numéro 1 correspond la teinte la plus légère; au numéro 25, la teinte la plus opaque. Si on expose à la lumière une plaque sensible, recouverte du sensitomètre, et qu'on développe ensuite celle-ci, on verra apparaître sur elle, en blanc sur fond sombre, *tous* les numéros, si la quantité de rayons lumineux a été suffisante pour impressionner la plaque même à travers la teinte la plus

Fig. 3.

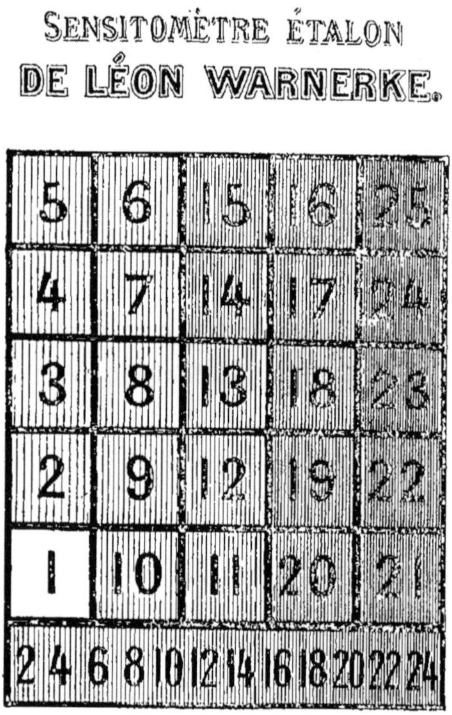

SENSITOMÈTRE ÉTALON
DE LÉON WARNERKE.

5	6	15	16	25
4	7	14	17	24
3	8	13	18	23
2	9	12	19	22
1	10	11	20	21

2 4 6 8 10 12 14 16 18 20 22 24

opaque; mais si la quantité de rayons lumineux a été moindre et n'a pas suffi à impressionner la couche sensible à travers le n° 25, ce sera seulement le n° 24 qui apparaîtra au développement. En un mot, on imprimera sur une plaque sensible un numéro d'autant plus élevé, que la quantité de rayons lumineux aura été plus grande.

Les teintes du sensitomètre sont graduées de telle sorte que, s'il faut une quantité 1 de rayons lumineux pour imprimer le n° 1, il faudra une quantité de rayons représentée par 1 $\frac{1}{3}$ pour imprimer le n° 2, et une quantité représentée par 765 pour imprimer le n° 25. Par conséquent, si, avec une plaque donnée et une source lumineuse constante, nous devons poser 1 seconde pour imprimer le n° 1, il faudra poser 1$^{s}\frac{1}{3}$ pour imprimer le n° 2, et 765^{s} pour imprimer le n° 25.

Le tableau suivant donne ces rapports pour chacun des numéros ou degrés du sensitomètre :

Numéros du sensitomètre.		Numéros du sensitomètre.	
1	1	**14**	36
2	1 $\frac{1}{3}$	**15**	48
3	1 $\frac{3}{4}$	**16**	63
4	2 $\frac{1}{3}$	**17**	84
5	3	**18**	110
6	4	**19**	145
7	5	**20**	192
8	7	**21**	253
9	9	**22**	334
10	12	**23**	440
11	16	**24**	580
12	21	**25**	765
13	27		

Voyons maintenant à quoi va nous servir notre

sensitomètre. On commence par faire *une fois pour toutes* la série d'expériences suivantes. A l'aide de glaces toutes semblables entre elles, on obtient d'une même préparation un série de clichés, en ayant soin de laisser constantes toutes les conditions expérimentales, hormis le temps de pose qu'on fait varier pour chaque épreuve. On développe toutes les glaces de même, c'est-à-dire un temps égal (soit 8^{min}) et dans un bain renouvelé chaque fois et composé toujours de même (solution d'oxalate 4 parties, solution de sulfate de fer 1 partie). On compare tous les résultats obtenus et l'on note le temps de pose qui a été employé pour celui des clichés qui paraît aussi bon que possible, soit par exemple 2^{min}.

On retire alors la préparation de la platine du microscope, et *sans rien changer aux autres conditions*, on expose dans la chambre noire une glace semblable à celles dont on s'était préalablement servi, mais on a soin de la recouvrir du sensitomètre; on la laisse ainsi exposée pendant 2^{min}, c'est-à-dire le temps qui, dans ces mêmes conditions, a été nécessaire à l'impression d'un bon négatif. On développe ensuite la glace exactement dans les mêmes conditions que précédemment et on lit le plus élevé des numéros qui s'y sont imprimés, c'est le n° 13.

Le raisonnement nous conduit à penser et l'expérience nous démontre (au moins dans des limites plus que suffisantes en pratique) : que si l'on répète la même série d'expériences, en faisant varier l'intensité de l'image lumineuse, ou en employant des plaques différentes de celles dont on s'était servi d'abord, il faudra évidemment modifier la durée du temps de pose, mais que la quantité de lumière qu'il faudra faire agir sur une glace quelconque pour obtenir d'elle un bon cliché sera toujours égale à la quantité de lumière nécessaire pour imprimer *sur cette même glace* le n° 13 du sensitomètre.

En résumé, pour qu'une glace quelconque puisse donner un bon cliché après 8^{min} d'immersion dans un bain composé de 4 parties d'oxalate et 1 partie de fer, il faut qu'elle ait reçu à la chambre noire une quantité de lumière égale à celle qui serait nécessaire pour imprimer sur elle le n° 13 du sensitomètre, après 8^{min} d'immersion dans un bain composé de 4 parties d'oxalate et 1 partie de fer.

On conçoit aisément qu'une telle conclusion ne serait absolument vraie, que si toutes les préparations étaient semblables à celles dont on s'est servi pour la première série d'expériences que nous avons indiquée. En réalité il n'en est point ainsi, puisque, toutes choses égales d'ailleurs, la reproduction d'une préparation, plus transparente, demande évidemment un temps de pose plus petit que s'il s'agissait d'une préparation moins transparente; mais les différences qu'on rencontre ainsi d'une préparation à l'autre, n'influent pas assez sur la durée à attribuer au temps de pose pour qu'il y ait dans la pratique lieu de s'en inquiéter. D'ailleurs en accélérant ou ralentissant le développement comme nous l'avons dit plus haut, nous pourrons toujours corriger une erreur même assez notable commise dans la détermination du temps de pose.

En somme, dans la pratique de la *photographie microscopique* on peut considérer comme très suffisamment approchée la règle que nous avons écrite plus haut, en italique.

Cette règle étant admise, rien n'est plus facile que de déterminer le temps de pose qu'il convient d'employer dans une condition quelconque de l'appareil, avec des glaces quelconques, puisque le problème se réduit à *déterminer le temps qu'il faudrait, dans ces mêmes conditions, pour imprimer sur une glace, semblable à celles qu'on se propose d'employer, le n° 13 du sensitomètre.*

On commence par disposer l'appareil comme pour faire une épreuve photographique, en employant telle source lumineuse, tel objectif, tel oculaire, tel tirage de chambre qu'on désire, sans avoir à s'inquiéter des modifications qu'on peut ainsi faire subir à l'intensité lumineuse de l'image. On met une préparation au point afin de placer l'objectif à peu près dans la position qu'il doit occuper. On retire ensuite la préparation et l'on expose à la chambre noire un échantillon des glaces qu'on se propose d'employer; on a eu soin de recouvrir celui-ci avec le sensitomètre. On laisse l'impression durer un temps arbitraire, soit par exemple 120^s (1); puis on développe alors comme dans les expériences précédentes et on lit le plus élevé des numéros imprimés, soit par exemple le n° 10.

Le problème se réduit alors à ceci : il a fallu, dans les conditions ou nous avons opéré 120^s pour imprimer le n° 10 du sensitomètre, combien faudrait-il poser de temps pour imprimer le n° 13 sur une glace analogue à celle dont nous venons de nous servir

Le tableau joint au sensitomètre et que nous avons reproduit plus haut nous fournit ce résultat :

Le chiffre placé en regard du n° 10 nous indique qu'il faudrait 12 fois moins de temps pour imprimer le n° 1, soit $\frac{120^s}{12}$ c'est-à-dire 10^s. Le chiffre placé en regard du n° 13 nous indique que pour imprimer ce numéro il faut 27 fois plus de temps que pour imprimer le n° 1 soit $10^s \times 27$.

Donc si, dans les conditions où nous nous sommes

(1) On conçoit que ce temps arbitraire doit être choisi avec un certain discernement, il faut qu'il soit assez long pour imprimer au moins le n° 1, et assez court pour ne pas imprimer le n° 25. En prenant 1^{min} ou 2^{min} quand la lumière sera très vive et 5^{min} quand la lumière sera très faible, on sera à peu près assuré de se maintenir dans de bonnes limites.

placés, nous voulions imprimer le n° 13 du sensitomètre, il faudrait poser $10^s \times 27$. C'est par conséquent ce même temps qu'il faudra employer pour obtenir un bon négatif.

Ainsi, dans n'importe quel cas, quelles que soient les glaces qu'on se propose d'employer, on peut en quelques minutes et sans tâtonnement déterminer la durée du temps de pose.

La méthode que je propose, est loin d'être à l'abri de toute critique; tout d'abord au point de vue théorique et pour la raison que j'ai indiquée tout à l'heure elle n'est qu'approximative. En second lieu, les teintes du sensitomètre sont si régulièrement graduées, qu'il y a souvent hésitation dans la lecture du dernier numéro imprimé.

Mais, quelle que soit son origine, l'erreur que l'on commet dans la détermination du temps de pose n'est jamais bien grande et peut toujours être compensée lors du développement. Puisque, ainsi que nous l'avons indiqué plus haut, on peut, en conduisant bien cette opération, corriger un excès ou un défaut de pose et cela dans des limites très étendues.

CHAPITRE V.

Difficultés particulières que présentent les préparations colorées.

C'est un fait connu de tous, que la photographie ne rend pas les couleurs avec leur valeur exacte. Ainsi le rouge et le jaune, qui sont pour notre œil des couleurs claires, sont reproduites en noir presque pur par la photographie; le contraire a lieu pour le violet et le bleu.

Il en résulte que si nous chargeons un photographe de reproduire par exemple une peinture représentant un personnage vêtu de violet se détachant sur un fond jaune, il nous livrera une épreuve dans laquelle le personnage sera rendu en clair et s'enlèvera sur fond sombre; c'est tout le contraire qu'aurait fait un dessinateur auquel nous aurions donné cette peinture à copier. En un mot, la photographie renverse les valeurs.

Au point de vue qui nous occupe, ce défaut n'aura point d'importance si les objets à reproduire sont de teintes neutres. Mais il n'en sera plus de même, si nous avons affaire, et c'est le cas le plus fréquent, à des préparations colorées, soit par exemple en rouge par le carmin ou en violet par l'hématoxyline.

Une préparation teinte en rouge donnera toujours une épreuve positive dure, et manquant de détails; une préparation teinte en bleu ou en violet fournira des épreuves positives ayant les défauts contraires, les détails seront mieux venus que dans le cas précédent; mais, en revanche, l'image sera grise et uniforme et ne s'enlèvera pas sur le fond. En un mot, dans aucun des deux cas, l'épreuve positive ne ressemblera à ce qu'un dessinateur aurait produit. Il était donc de toute nécessité de chercher à corriger ce grave défaut que présente la photographie de ne pas rendre les couleurs avec leur valeur véritable.

Sur les conseils de l'héliograveur bien connu, M. Dujardin, j'essayai, pour photographier les préparations teintes par les réactifs, d'employer non plus la lumière blanche, mais des rayons colorés. Après différents essais je reconnus qu'en interposant entre la source lumineuse et l'objet une cuve de $0^{m},01$ d'épaisseur remplie d'une solution d'acide picrique, on arrive au résultat désiré; une préparation colorée, photographiée ainsi dans la lumière jaune, est reproduite sans qu'il y ait renversement des valeurs.

Plus tard j'ai simplifié mon outillage en remplaçant la cuve d'acide picrique par une lame de verre jaune se rapprochant autant que possible de la couleur de ce liquide ([1]).

L'emploi de la lumière jaune donne des résultats tout à fait satisfaisants, quand on a affaire à des préparations colorées; mais il a le défaut de nécessiter un temps de pose très long, car les glaces ordinaires au gélatinobromure ne sont que peu sensibles à l'action de la lumière ainsi tamisée à travers un verre jaune.

J'opérais déjà depuis quelque temps à l'aide de cette méthode quand MM. Attout-Taillfer et Clayton mirent dans le commerce des plaques au gélatinobromure, dites isochromatiques, qui ont le grand avantage de rendre les couleurs du spectre, le rouge excepté, avec leur valeur exacte. J'expérimentai ces plaques au point de vue de la reproduction des préparations colorées. J'obtins d'excellents résultats pour les pièces teintes en bleu ou en violet, celles qui étaient colorées en rouge, vinrent moins bien, mais beaucoup mieux toutefois que si je m'étais servi de plaques ordinaires.

J'essayai alors de combiner l'emploi des glaces

([1]) La disposition la plus commode est celle que j'ai adoptée et qui consiste à coller un fragment de verre jaune sur l'ouverture du diaphragme du condensateur.

isochromatiques avec celui de la lumière jaune, j'obtins alors dans tous les cas des résultats parfaitement satisfaisants. Cette association des deux méthodes avait en outre l'avantage de ne pas me mettre dans la nécessité d'augmenter la durée du temps de pose; car les glaces isochromatiques sont, à l'encontre des glaces ordinaires, très sensibles à l'action des rayons jaunes.

En résumé, quand on aura à photographier une préparation colorée, on éclairera celle-ci avec la lumière jaune, et l'on fera usage de glaces isochromatiques.

CHAPITRE VI.

Difficultés particulières que présentent les préparations qui ne sont pas planes.

Nous avons dit plus haut que pour obtenir d'un objet une photographie nette dans toutes ses parties, il fallait que celui-ci fût aussi plan que possible. Malheureusement même, quand il s'agit de coupe, on n'arrive pas toujours à remplir cette condition, en outre, il est certains objets, comme de petits animaux, des insectes ou des foraminifères par exemple, qui ne peuvent jamais la présenter.

Il est pourtant possible à l'aide de certains procédés d'arriver à obtenir des photographies parfaitement nettes d'objets compris dans plusieurs plans.

1° Tout d'abord, lorsqu'on se trouve en présence d'un tel cas, il faut employer un objectif aussi faible que le permettent les détails qu'on se propose de reproduire. En effet, un objectif faible ayant un long foyer permet de mettre en même temps au point, beaucoup plus de plans que si l'on employait un objectif fort.

2° On arrivera encore au résultat désiré en diaphragmant l'objectif comme nous l'avons indiqué plus haut. Plus le diaphragme sera petit, plus aussi le foyer aura de profondeur, mais plus aussi les qualités définissantes de la lentille seront diminuées. Il y aura donc une juste mesure à garder dans le choix du diaphragme.

Si le moyen que nous venons d'indiquer est insuffisant, il faudra recourir à un autre procédé que je vais décrire sous le nom de méthode des poses successives.

Méthode des poses successives. — Cette méthode est basée sur ce fait qu'une même glace sensible peut recevoir successivement l'impression de deux ou de plusieurs images sans que celles-ci se confondent. On s'en assure de la manière suivante : on dispose sur la platine du microscope un micromètre dont on met les divisions au point sur la glace dépolie, on substitue à cette dernière la glace sensible, et l'on pose 2^{min}, par exemple. Au bout de ce temps on interrompt le passage des rayons lumineux, et l'on déplace le micromètre, en lui imprimant une rotation de 45°, puis on laisse de nouveau agir la lumière pendant 2^{min}. La glace développée montre deux images du micromètre, se coupant à angle droit, elles sont toutes deux parfaitement nettes, même au point où elles se croisent.

L'expérience montre qu'on peut déplacer deux et trois fois le micromètre et obtenir ainsi sur une même glace trois et même quatre images superposées.

C'est l'observation de ces faits qui m'a conduit à employer la méthode des poses successives quand j'avais à reproduire des préparations qu'il était impossible de mettre en même temps au point dans toutes leurs parties. On conçoit en effet, que, si sur une même glace sensible on reçoit successivement l'image des différents plans d'un objet, ces images se superposeront sans se confondre, et l'on obtiendra une image composée, bien plus complète que si l'on s'était contenté de photographier un seul plan.

Pour employer la méthode des poses successives, il est de toute nécessité de fixer au bouton de la vis du microscope un index tournant sur un cadran gradué. Sur la glace dépolie on met au point, d'abord, la partie la plus profonde de l'objet et l'on note la division du cadran sur laquelle s'arrête l'aiguille ; on met ensuite au point sur la partie la plus superficielle et l'on fait une seconde lecture sur le cadran. On a de la sorte déterminé les points extrêmes entre lesquels l'aiguille doit se mouvoir pour que tous les plans de la préparation viennent successivement former leur image sur la glace dépolie. A là glace dépolie on substitue alors une glace sensible; mais on a soin d'interrompre la pose deux ou trois fois, pour tourner la vis micrométique d'une certaine quantité. On obtient ainsi d'un même objet trois ou quatre

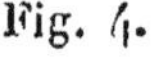

Fig. 4.

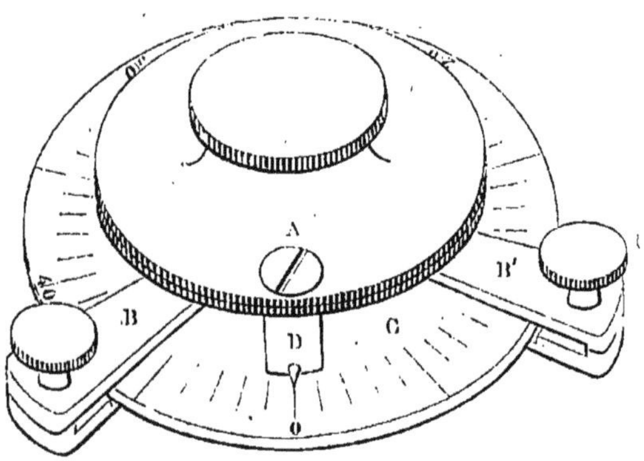

Détails de construction de la partie supérieure de la vis du microscope photographique de l'auteur.

A, bouton molleté. B et B', butées mobiles. C, plateau divisé. D, index fixé au bouton molleté.

images qui se superposent et se complètent mutuellement.

Afin de rendre la pratique de cette méthode plus commode en évitant les lectures d'angles, j'ai fait adapter au cadran de la vis micrométrique de mon appareil deux butées mobiles; à l'aide d'une vis de pression on peut les immobiliser, de manière à ce qu'elles limitent l'espace angulaire dans lequel doit se mouvoir l'aiguille (*fig.* 4). De la sorte on évite de faire aucune lecture.

J'ajouterai que dans la pratique il ne faut pas chercher à obtenir plus de deux ou trois impressions successives d'un objet, autrement on s'exposerait à ne produire qu'un cliché confus.

Enfin je dirai que si la méthode des poses successives rend, dans beaucoup de cas, de grands services, jamais pourtant les épreuves qu'elle fournit n'ont une finesse aussi grande que celle qu'on aurait obtenu avec une préparation offrant les qualités requises pour être dans toutes ses parties photographiée en une seule pose.

Malgré cela la méthode des poses successives rendra de très grands services quand on saura l'employer à propos.

CHAPITRE SEPTIÈME

CHAPITRE VII.

Tirage des épreuves positives.

En photographie microscopique c'est seulement l'obtention du négatif qui présente des difficultés particulières. Quand une fois on possède celui-ci, le tirage des épreuves positives s'effectue exactement comme si l'on avait affaire à un cliché de portrait ou de paysage ; on peut confier cette opération à un photographe quelconque. Aussi est-il inutile que nous entrions à ce sujet dans des détails qu'on trouvera exposés tout au long dans tous les traités généraux de photographie.

Mais comme il est bon que l'anatomiste qui photographie ses préparations puisse se rendre compte par lui-même des résultats qu'il obtient, nous allons indiquer sommairement la manière de procéder au tirage des positives sur papier albuminé sensibilisé au chlorure d'argent, qui se trouve tout préparé chez les marchands de produits photographiques.

Les seuls instruments nécessaires pour effectuer le tirage sont un ou plusieurs châssis-presses et deux ou trois cuvettes en porcelaine. Le châssis-presse se compose d'un cadre en bois, au fond duquel se trouve une forte glace; sur celle-ci on on pose le cliché (la face non gélatinée en contact avec la glace). Par-dessus le cliché on applique un morceau de papier sensible coupé aux dimensions voulues; sur celui-ci on dispose quelques doubles de papier buvard. On ferme ensuite le châssis à l'aide d'une planchette que deux barres en bois pourvues de ressorts maintiennent en place. La planchette est susceptible de se plier en deux, ce qui permet, en décrochant une des barres, de l'ouvrir à moitié pour examiner la venue de l'image sans avoir à craindre aucun déplacement du papier sensible.

Le châssis étant fermé on l'expose à la lumière diffuse du jour, et non point en plein soleil, car alors l'impression serait trop rapide et les détails dans les ombres feraient défaut.

De temps en temps, en ouvrant une des moitiés de la planchette du châssis on surveille la venue de l'image. Quand celle-ci est devenue un peu plus foncée qu'on ne désirerait l'avoir définitivement, on arrête l'insolation et l'on retire du châssis la feuille de papier sensible pour l'enfermer dans une boîte, à l'abri de la lumière, jusqu'au moment où on la virera, opération qui peut s'exécuter sans inconvénient, même plusieurs jours après l'impression, et à laquelle il sera plus commode de procéder seulement quand on aura imprimé un certain nombre d'épreuves.

Le virage est indispensable à la beauté et à la conservation des épreuves, on y procède de la manière que nous allons indiquer : on prépare d'avance les deux solutions suivantes, qui se conservent indéfiniment :

1°	Eau distillée.	100 parties.
	Acétate de soude.	40
2°	Chlorure d'or photographique.	1
	Eau distillée.	1000

Quelques heures avant de procéder au virage, on fait, dans une cuvette, un mélange à parties égales de ces deux solutions et assez abondant pour que les épreuves y baignent largement. Ce bain n'est bon à employer que lorsque, de jaune qu'il était, il est devenu incolore, ce qui se produit assez rapidement sous l'influence de la lumière, ou d'une douce chaleur.

Avant d'effectuer le virage on met les épreuves à dégorger quelques minutes dans l'eau ordinaire, où elles prennent une couleur roussâtre.

On les plonge ensuite dans la cuvette qui contient le bain de virage et qu'on a soin d'agiter constamment, les épreuves changent rapidement de couleur, elles deviennent rouge violacé, pourpre foncé, puis noir. On retire les épreuves du bain de virage un peu avant qu'elles aient atteint ce point, on les lave rapidement, puis on procède à leur fixage en les plongeant dans la solution suivante :

Eau ordinaire.	1000 parties.
Hyposulfite de soude.	250

où on les laisse séjourner pendant une dizaine de minutes.

C'est alors seulement qu'elles sont définitivement fixées et ne craignent plus l'influence des rayons solaires ; jusque-là il faut les tenir à l'abri d'une lumière trop vive, non point pourtant en s'enfermant dans le cabinet obscur, mais en prenant soin d'opérer le virage et le fixage dans un endroit sombre.

Après le fixage il ne reste plus pour achever l'épreuve qu'à la débarrasser de toute trace d'hyposulfite en la lavant à grande eau pendant plusieurs heures. On la sèche ensuite en la suspendant à l'air libre, puis on l'ébarbe et on la colle sur bristol.

Le tirage des épreuves sur papier albuminé est loin d'être le procédé qui donne les plus beaux résultats ; mais, comme il est de beaucoup le plus commode et le plus répandu, c'est lui qu'on emploiera d'une manière courante pour juger des résultats obtenus.

A notre avis, le mieux est de tirer sur papier préparé aux sels de platine ; les épreuves obtenues par ce procédé, connu sous le nom de *Platinotypie* (1), n'ont pas le brillant désagréable que donne l'albumine, elles sont mates, très fines de détails, leur couleur est d'un gris bleuté qui rappelle la mine de plomb, enfin elles peuvent se conserver indéfiniment. Le tirage des épreuves aux sels de platine demande une certaine habitude; aussi, sous peine d'être obligé de faire un apprentissage assez long, vaut-il mieux s'adresser à un opérateur de profession.

Si l'on désire avoir d'un cliché une ou deux épreuves absolument belles, on fera tirer celles-ci sur verre opale préparé au gélatinochlorure d'argent.

Les épreuves destinées aux projections s'obtiennent par tirage sur verre transparent au gélatinochlorure (2).

Si, en vue d'une publication, il s'agissait d'obtenir un grand nombre d'épreuves, il ne faudrait pas songer aux moyens de tirage que nous venons d'indiquer, qui sont beaucoup trop coûteux, mais avoir recours aux procédés d'impression aux encres grasses ; malheureusement ceux-ci ne rendent pas toujours les finesses du cliché avec une

(1) Pizzighelli et Hübl. — *La platinotypie, exposé théorique et pratique d'un procédé photographique aux sels de platine*, in-8. (Paris, Gauthier-Villars, 1883.)

(2) Les verres transparents et opales préparés au gélatinochlorure, sont fabriqués par M. Hutinet.

netteté suffisante. Les méthodes d'impression aux encres grasses sont très nombreuses, mais c'est, croyons-nous, celle qu'on connaît sous le nom de phototypie, qui, dans ce cas particulier, peut donner les meilleurs résultats.

FIN.

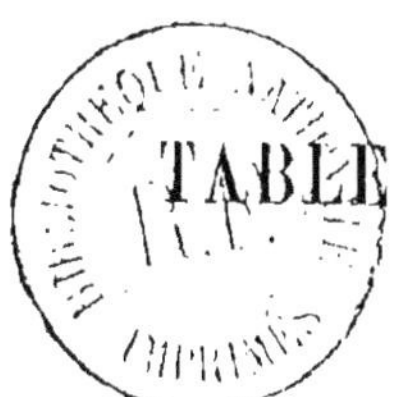

TABLE DES MATIÈRES.

CHAPITRE IV.

CHAPITRE V.

CHAPITRE VI.

CHAPITRE VII.

FIN DE LA TABLE DES MATIÈRES.

Paris. — Imp. Gauthier-Villars, 55, quai des Grands-Augustins.

LIBRAIRIE DE GAUTHIER-VILLARS

Quai des Augustins, 55, — Paris.

(Envoi franco contre mandat de poste ou valeur sur Paris.)

EXTRAIT DU CATALOGUE DE PHOTOGRAPHIE.

Audra. — *Le gélatinobromure d'argent.* In-18 jésus; 1884. 1 fr. 75 c.

Baden-Pritchard. — *Les Ateliers photographiques de l'Europe.* Traduit de l'anglais sur la 2e édition, par Ch. Baye. In-18 jésus, avec figures dans le texte; 1885. 5 fr.

On vend séparément :

Ier Fascicule : *Les ateliers de Londres.* 2 fr. 50 c.

IIe Fascicule : *Les ateliers d'Europe.* 3 fr. 50 c.

Burton (W.-K.). — *A B C de la Photographie moderne*, contenant des instructions pratiques sur le *Procédé sec à la gélatine*. Traduit de l'anglais sur la 3e édition, par G. Huberson. In-18 jésus, avec figures dans le texte; 1884. 2 fr. 25 c.

Cordier (V.). — *Les insuccès en Photographie; causes et remèdes.* 4e édit. avec fig. In-18 jésus; 1885. 1 fr. 75 c.

Davanne. — *La Photographie. Traité théorique et pratique.* 2 beaux volumes grand in-8, avec nombreuses figures, se vendant séparément :

Ire Partie : Notions élémentaires. — Historique. — Épreuves négatives. — Principes communs à tous les procédés négatifs. — Épreuves sur albumine, sur collodion, sur gélatinobromure d'argent, sur pellicules, sur papier, avec 2 planches spécimens et 120 figures dans le texte; 1886. 16 fr.

2e Partie. (Sous presse).

Godard (E.), Artiste peintre décorateur. — *Traité pratique de peinture et dorure sur verre. Emploi de la lumière; application de la Photographie.* Ouvrage destiné aux peintres, décorateurs, photographes et artistes amateurs. In-18 jésus; 1885. 1 fr. 75 c.

Huberson. — *Précis de Microphotographie.* In-18 jésus, avec figures dans le texte et une planche en photogravure; 1879. 2 fr.

Pizzighelli (J.) et Hübl (A.). — *La Platinotypie. Exposé théorique et pratique d'un procédé photographique aux sels de platine, permettant d'obtenir rapidement des épreuves inaltérables.* Traduit de l'allemand par Henry Gauthier-Villars. In-8, avec planche spécimen; 1883. 3 fr. 50 c.

Trutat (E.), Conservateur du Musée d'Histoire naturelle de Toulouse. — *Traité élémentaire du microscope.* Un joli volume petit in-8, avec 171 figures dans le texte; 1882. Broché 8 fr.
Cartonné 9 fr.

Trutat (E.). — *La Photographie appliquée à l'Histoire naturelle.* In-18 jésus avec 58 belles figures dans le texte et 5 planches spécimens en phototypie, d'Anthropologie, d'Anatomie, de Conchyliologie, de Botanique et de Géologie; 1884. 4 fr. 50 c.

Vieuille (B.). — *Guide pratique du photographe amateur.* In-18 jésus; 1885. 2 fr.

Paris. — Imp. Gauthier-Villars, 55, quai des Grands-Augustins.

www.ingramcontent.com/pod-product-compliance
Ingram Content Group UK Ltd.
Pitfield, Milton Keynes, MK11 3LW, UK
UKHW022105170726
13837UKWH00003B/1081

9 782019 961756